AF232111

Groupe Agricole de la Chambre des Députés

QUESTION MONÉTAIRE

CONFÉRENCE DE M. FOUGEIROL

faite les 6 et 13 Février 1895

AU GROUPE AGRICOLE

PARIS

IMPRIMERIE SCHILLER

10, rue du Faubourg-Montmartre

—

1895

QUESTION MONÉTAIRE

Conférence de M. Fougeirol

MESSIEURS,

Quand on veut étudier avec fruit la question monétaire, il faut commencer par bien délimiter le terrain de l'étude. Il faut étudier la question monétaire seule. Il faut bien se garder de la confondre avec la question du change. Ces deux questions sont connexes. La crise monétaire a une action évidente sur la crise des changes. Elles se confondent souvent ; aussi les confond-on souvent.

Il importe de bien les séparer afin que l'étude que l'on veut faire de la question monétaire soit plus claire.

Le change a toujours existé, même entre deux nations de même étalon ; il existera donc encore quand la crise monétaire aura disparu.

Par exemple entre la France et l'Angleterre, qui sont deux nations à monnaie solide et à étalon d'or, il existe un change. La livre sterling anglaise vaut sur le marché de Paris tantôt 25 fr. 17, tantôt 25 fr. 30, suivant que les traites sur l'Angleterre sont plus abondantes ou plus rares, c'est-à-dire suivant que dans les relations commerciales entre les deux pays, les achats faits par l'Angleterre en France sont plus ou moins considérables. Mais ce change a, comme vous le voyez, une très faible importance entre deux pays à monnaie métallique et à crédit solide.

Le change dont jouit l'Espagne, 16 0/0 environ, contre nous, à quoi est-il dû ? Uniquement à ceci que l'Espagne a depuis longtemps à payer au dehors des sommes plus considérables que celles qu'elle a à recevoir. Pour la création de son réseau ferré, de ses canaux, de ses ports, de son armement, en un mot pour la constitution de son outillage national, l'Espagne a dû recourir à l'emprunt; Elle n'a pas trouvé à réaliser cet emprunt dans son épargne nationale ; elle a dû s'adresser à l'épargne étrangère. Elle doit donc payer au dehors le revenu de ses emprunts.

Si la balance de so. commerce extérieur était en sa faveur pour une somme assez forte, elle pourrait avec cette ressource payer ce qu'elle doit au dehors et maintenir son change à peu près au pair. Elle l'a maintenu tant que son stock monétaire-or lui a permis de payer la différence ; mais une fois ce stock épuisé elle a dû avoir recours au crédit.

Comment le phénomène du change s'est-il alors présenté ?

L'Espagnol se couvre de ses ventes à l'étranger en fournissant des traites sur ses acheteurs. Exemple : un Espagnol vend à Bercy pour 100,000 fr. de vin. Il fournit sur son acheteur de Bercy pour 100,000 fr. de traites et il les vend sur le marché de Madrid à ceux qui, au contraire, ont des payements à faire en France.

Ceux-ci se composent non seulement de tous ceux qui ont fait des achats en France, mais aussi du gouvernement espagnol qui a emprunté en France.

La concurrence entre eux s'établit et en vertu de la loi de l'offre et de la demande, la traite de 100,000 fr. sur Paris se vend 116,000 pesetas.

Voilà pourquoi l'Espagne jouit d'un change de 16 0/0 contre nous. Ce change n'est pas dû à la différence d'étalon monétaire puisque cet étalon est le même dans les deux pays.

Il est dû à ce fait que l'Espagne a à payer beaucoup plus à l'étranger qu'elle n'a à en recevoir, et qu'après avoir épuisé ses ressources monétaires, son crédit est insuffisant pour maintenir le pair. Si vous examinez, au contraire, le change qui existe entre le Japon et l'Europe, que voyez-vous ? Le Japon est un pays qui n'a pas fait d'emprunt à l'étranger, qui vend des marchandises à l'étranger beaucoup plus qu'il n'y en achète. Il a donc à recevoir de l'étranger beaucoup plus qu'il n'a à lui payer. Il semble donc que si le change avec le Japon était de la même nature que le change avec l'Espagne, il devrait être contre le Japon où profit de ceux qui lui vendent. Or le Japon jouit aujourd'hui d'un change de plus de 100 0/0 contre toutes les nations à étalon d'or. Ce change est dû *à la variation de la valeur relative des deux étalons monétaires.*

C'est donc là un change d'une nature toute différente du change espagnol. C'est le change dû à la crise monétaire.

Si donc on veut voir clair dans l'étude de la question monétaire, il faut borner ses recherches à l'étude des phénomènes du change entre les nations qui ont deux étalons différents mais qui ont l'une et l'autre une monnaie métallique.

Dans l'étude que nous allons faire nous nous bornerons donc à rechercher ce qui se passe entre les nations européennes à étalon d'or et à monnaie solide comme la France, l'Allemagne, l'Angleterre, les États-Unis et les nations qui, comme l'Inde, la Chine, le Japon, le Mexique, sont à l'étalon d'argent mais ont comme nous une monnaie métallique et non pas un papier doublement avarié par l'étalon monétaire et par la diminution du crédit du pays qui l'émet.

C'est en étudiant les relations commerciales avec ces divers pays que nous pourrons facilement nous rendre compte des modifications apportées à la lutte économique par *la crise monétaire*.

Tout d'abord, quel est le caractère de la crise monétaire? C'est la rupture de l'ancien pair de valeur entre l'or et l'argent.

Pendant près de trois quarts de siècle, 1 kilo d'or s'est échangé partout contre 15 kil. 1/2 d'argent. *Pendant les 75 premières années du siècle, ce rapport de valeur est resté fixe.*

Depuis vingt ans, ce rapport de valeur s'est modifié et on échange aujourd'hui *partout* un lingot d'or *d'un kilo* contre *33 kilos* d'argent environ.

En d'autres termes, la valeur de l'argent par rapport à l'or a baissé de plus de 50 0/0 ou, ce qui est plus exact (comme nous le verrons plus tard), la valeur de l'or a haussé de plus de 50 0/0 par rapport à l'argent.

Mais depuis trente ans déjà, grâce aux chemins de fer, à la navigation à vapeur, à l'abaissement du prix du fret et des transports en général ; grâce aussi à l'ouverture du Canal de Suez, on peut dire que tous les grands produits agricoles, blé, coton, soie, laine, peaux, qui constituent les 3/4 de la richesse humaine, circulent à travers le monde avec une facilité aussi grande qu'un liquide dans des vases communiquants. De même que ce liquide a une tendance à s'établir partout au même niveau, de même aussi le prix de toutes ces marchandises a une tendance à s'établir le même partout.

Cet état de choses existait déjà il y a vingt ans, et partout un objet quelconque s'achetait, soit avec un poids déterminé d'or, soit avec un poids d'argent 15 fois 1/2 plus fort.

Qu'y a-t-il donc de changé ?

C'est qu'aujourd'hui le même objet s'achète partout, soit avec un poids déterminé d'or, soit avec un poids d'argent 33 fois plus fort.

On peut dire, Messieurs, que le prix des marchandises est représenté *par la hauteur de la colonne liquide.* Ce prix, qui est le même partout, est dans les pays à étalon d'or le nombre d'unités de *mesure-or* renfermées dans la hauteur de cette colonne.

Il est dans les pays à étalon d'argent le nombre d'unités de *mesure-argent* renfermées dans cette hauteur.

Il y a vingt ans, l'unité de *mesure-or* était 15 fois 1/2 plus longue que l'unité de *mesure-argent.*

Aujourd'hui l'unité de *mesure-or* est 33 fois plus longue que l'unité de mesure-argent.

Quelle est celle qui a varié ? Est-ce l'or qui s'est allongé ? Est-ce l'argent qui s'est raccourci ?

Si l'or s'est allongé, le nombre d'unités de *mesure-or* renfermé dans la hauteur de la colonne liquide a diminué de moitié, le prix en or des marchandises a donc dû pour nous diminuer de moitié, leur prix en argent restant fixe.

Si, au contraire, l'argent s'est raccourci, le nombre d'unités de *mesure-argent* renfermées dans la hauteur de la colonne liquide a doublé depuis vingt ans, le prix en argent des marchandises a donc dû doubler pour les pays à étalon d'argent, leur prix en or restant fixe.

Or, Messieurs, quelle est celle de ces deux alternatives qui s'est produite ?

Il n'y a malheureusement aucun doute : c'est la première, c'est nous qui avons vu nos prix en or diminuer de moitié, tandis que les prix en argent sont restés les mêmes. L'étalon de mesure-or s'est donc allongé, l'étalon de mesure-argent est resté fixe. Ce n'est pas l'argent qui a baissé. C'est l'or qui a haussé au grand détriment de la rémunération de notre travail, de notre prospérité agricole, industrielle et commerciale.

Voulez-vous me permettre, pour rendre plus tangible le phénomène, d'examiner en détail ce qui se passe dans les relations économiques entre nous et les pays à étalon d'argent, entre les habitants du camp jaune et ceux du camp blanc.

Pour fixer les idées, examinons les relations de la France et du Japon.

Je choisis ce dernier pays à cause de la relation simple de sa monnaie, le yen ou dollar mexicain, avec la nôtre. Le yen est à peu près l'équivalent en poids de notre écu de 5 fr. Le yen valait autrefois environ 5 fr. d'or; il ne vaut plus aujourd'hui *pour nous* qu'environ 2 fr. 50 d'or, mais il a conservé *pour le Japonais la même valeur qu'autrefois*. Il lui procure la satisfaction de la même somme de besoins qu'autrefois. C'est là un point capital, qu'il s'agit d'établir d'une façon indiscutable en s'appuyant sur des faits et des autorités qui ne puissent être contestés. C'est ce que je vais essayer de faire.

Un voyageur français, parti pour le Japon *il y a vingt ans*, arrive à Yokohama avec 100 louis d'or dans sa poche, avec l'intention de séjourner quelque temps au Japon.

Comme les louis d'or n'ont pas cours, il va chez un changeur qui, sachant que le yen vaut alors 5 fr. d'or, lui donne en échange de ses 100 louis 400 yens. Notre Français s'installe à l'hôtel. Il vit de la vie japonaise et en menant un train déterminé, il dépense, je suppose, 4 yens par jour. Il peut donc avec ses 100 louis d'or, transformés en 400 yens, prolonger son séjour au Japon pendant 100 jours.

Le même voyageur retourne au Japon aujourd'hui; il a 100 louis d'or dans sa poche à son arrivée, comme il y a vingt ans. Il retourne chez le même changeur qui, sachant que le yen ne vaut plus aujourd'hui que 2 fr. 50 d'or, lui donne 800 yens au lieu de 400. Le Français, tout surpris de recevoir pour la même somme d'or qu'il y a vingt ans une quantité de yens double, fait immédiatement la réflexion naturelle suivante : *Sans doute, mais, moi aussi, je vais être obligé de payer 2 yens ce qui ne m'en coûtait qu'un il y a vingt ans.*

Il retourne au même hôtel, mène le même train de vie qu'il y a vingt ans et quelle n'est pas sa surprise quand, au bout de sa journée, au lieu d'avoir dépensé 8 yens comme il s'y attendait, il n'en a dépensé que 4 comme il y a vingt ans ! Il peut, par conséquent, avec la même somme en or, faire au Japon un séjour d'une durée double; en d'autres termes, il peut avec la même quantité d'or se procurer une quantité d'argent double et donner, par suite, satisfaction à une somme de besoins double, ou bien s'y procurer une quantité de marchandise double de celle qu'il aurait pu se procurer autrefois.

Il constate donc par lui-même que l'argent a conservé pour le Japonais le même pouvoir d'achat, la même force libératoire, en un mot la même valeur qu'autrefois.

Ce sont là des faits qui sont rapportés par les voyageurs, mais pour mieux comprendre comment ils peuvent exister, quelle est leur raison d'être, prenons un exemple inverse.

Un Japonais venu à Paris il y a vingt ans est arrivé dans notre capitale avec 400 yens dans sa poche. Le yen n'a pas cours ici. Notre Japonais va chez le changeur qui, sachant alors que le yen vaut 5 fr. d'or, lui donne 400 louis d'or en échange de ses 400 yens.

Le Japonais s'installe à l'hôtel. Il arrange son train de vie de manière à dépenser un louis par jour. Il peut séjourner 400 jours à Paris.

Le même Japonais y revient cette année et comme à son premier voyage, il arrive muni de 400 yens. Il va chez le même changeur qui, sachant que le yen ne vaut plus que 2 fr. 50, lui donne 50 louis d'or seulement. Le Japonais, surpris de ne recevoir, pour la même somme de monnaie de son pays, qu'une quantité de monnaie d'or moitié de celle qu'il avait reçue autrefois, se console avec la pensée bien naturelle qu'il ne sera sans doute lui-même obligé de ne donner qu'un demi-louis pour ce qu'il devait payer autrefois d'un louis tout entier.

Il retourne au même hôtel, mène le même train d'existence et vous voyez d'ici sa surprise quand il s'aperçoit qu'au bout de sa journée il a dépensé un louis d'or comme il y a vingt ans, bien heureux s'il s'en tire au même prix. Quoi qu'il en soit, il est bien obligé de constater à ses dépens qu'avec la même somme de sa monnaie il n'a pu se procurer qu'une somme de monnaie d'or moitié de celle qu'il s'était procurée il y a vingt ans, et que, par conséquent, elle ne lui procure plus chez nous que la satisfaction à une somme de besoins moitié moindre qu'il y a vingt ans. Cela, nous le savons nous-mêmes ; nous n'avons pas besoin qu'on nous le démontre par une autre autorité que celle de notre propre expérience ; c'est, je crois, de nature à nous faire comprendre ce qui s'est passé en sens contraire au Japon pour notre compatriote.

Si vous imaginez, au contraire, un Indou qui va au Japon il y a vingt ans. Sa monnaie, la roupie, valait alors 2 fr. 50 d'or. Il arrive au Japon avec 100 roupies. Le changeur lui donne en échange 50 yens, parce qu'alors le yen valait 5 fr. d'or, soit 2 roupies.

Le même Indou y retourne aujourd'hui avec 100 roupies, et bien que la roupie ne vaille plus que 1 fr. 25 d'or, le changeur lui donne toujours 50 yens parce que le yen lui-même ne vaut plus que 2 fr. 50 d'or.

Il lui donne la même quantité de yens parce que les deux monnaies, roupie et yen, sont en argent et qu'elles ont conservé l'une par rapport à l'autre la même valeur.

Les relations commerciales d'échange des produits entre deux pays à étalon d'argent se continuent donc aujourd'hui sur les mêmes bases et dans les mêmes conditions que par le passé.

Pour bien saisir la modification profonde, au contraire, qui s'est produite dans ces relations entre les pays du camp jaune et les pays du camp blanc, reprenons le voyage fait par notre Français au Japon il y a vingt ans, et au lieu de supposer qu'il y arrive avec 100 louis d'or dans sa poche, imaginons qu'il s'est muni d'une pacotille qu'il compte vendre au Japon. Au lieu d'un touriste, c'est un commerçant qui veut faire de l'exportation.

Il vend sa pacotille, il en retire, je suppose, 100 yens. Il revient dans son pays, il va chez le changeur qui, en échange de ses 100 yens, lui donne alors 100 louis d'or, le yen valant à cette époque 5 fr. d'or. Cette vente lui a, je suppose, rapporté un bénéfice de 25 0/0, c'est-à-dire de 25 louis.

Il retourne au Japon cette année avec la même pacotille. Il y vend, je suppose, au même prix, 100 yens, mais quand il revient il n'obtient plus en échange de ses 100 yens que 50 louis d'or. Au lieu de gagner 25 louis, il les a perdus, *s'il a payé en France sa pacotille le même prix qu'autrefois.*

S'il veut que son opération lui rapporte 25 louis comme la

première fois, il faut donc ou bien qu'il exige 800 yens du Japonais, ou bien qu'il oblige le producteur français à diminuer ses prix de plus de moitié.

Quelle est celle des deux alternatives qui se produira? C'est la dernière, sans aucun doute possible, ainsi qu'il est facile de le démontrer.

Imaginez en effet que le voyageur indou, venu au Japon il y a vingt ans, y soit venu avec la même pacotille que le Français. Ils la vendent tous deux en concurrence le même prix. Le voyageur indou reçoit, comme le Français, 400 yens et de retour dans sa patrie il a 800 roupies.

Le même voyageur indou y retourne aussi cette année avec la même pacotille, il continue à la vendre pour 400 yens, certain de faire le même bénéfice qu'il y a vingt ans, car il est sûr que ses 400 yens lui procureront 800 roupies, aujourd'hui comme autrefois.

La concurrence du producteur du pays à étalon d'argent oblige donc notre exportateur à continuer à vendre au même prix, c'est-à-dire à obliger notre producteur national à donner sa marchandise pour plus de moitié moins qu'autrefois.

L'effet de la différence d'étalon est donc de faire payer au producteur du pays à étalon d'or un droit d'entrée de 100 pour 100 *ad valorem*, droit dont son concurrent des pays à étalon d'argent se trouve affranchi. Quoi de surprenant si les exportations du camp jaune diminuent et si leurs producteurs souffrent!

Mais, Messieurs, ce n'est là qu'un côté de la question.

Imaginez que le voyageur japonais venu à Paris il y a vingt ans, au lieu d'y venir en touriste avec 400 yens dans sa poche, y vient, lui aussi, en commerçant, en exportateur. Il apporte avec lui une pacotille. Il la vend pour 100 louis d'or et de retour dans son pays, il a 400 yens en échange de ses 100 louis d'or. Il a, je suppose, un bénéfice de 25 0/0, soit 100 yens.

Il revient cette année avec la même pacotille *qui lui a coûté chez lui le même prix*. Arrivé à Paris, il cherche à la vendre, mais pour chacun des objets qu'il vendait autrefois un louis on ne lui offre plus que 10 francs. Il se désole, il regrette d'avoir entrepris son voyage, il est persuadé qu'il va faire une perte considérable. Il se décide enfin à céder sa marchandise pour moitié prix plutôt que de la remporter chez lui. Il ne touche que

50 louis au lieu de 100 qu'il avait touchés il y a vingt ans ; mais il ne tarde pas à être consolé, car lorsqu'il se présente chez le changeur pour faire convertir ses louis en yens, en échange de ses 50 louis, il reçoit *le même nombre de yens, 100, qu'il avait reçu il y vingt ans en échange de 100 louis.* Son bénéfice est donc le même qu'autrefois ; il a gagné 100 yens sur son opération.

La différence de valeur des deux étalons, *la prime de l'or sur l'argent,* lui a redonné, pour un prix moitié moindre en or, le même prix en argent qu'il y a vingt ans.

La prime de l'or joue pour lui comme une prime d'exportation de 100 pour 100 *ad valorem.*

Si lors de son premier voyage, il s'est trouvé à Paris en concurrence avec un exportateur d'un pays à étalon d'or, un Anglais par exemple, venant vendre la même marchandise que lui, ce concurrent a vendu dans les deux cas le même prix que lui. Lors du premier voyage, en échange de ses 100 louis d'or, l'Anglais a obtenu environ 80 livres sterling ; mettons qu'il en ait gagné 10. La seconde fois, en échange des 50 louis d'or, prix de la pacotille anglaise, l'exportateur anglais n'a plus touché chez lui que 40 livres sterling ; au lieu de gagner 10 livres, il en perd 30, *à moins d'avoir réduit lui-même le prix du producteur anglais de 40 livres sterling.*

Ainsi donc la hausse de l'or par rapport à l'argent procure au camp blanc contre le camp jaune à la fois l'équivalent d'une protection douanière de 100 pour 100 *ad valorem* et d'une prime d'exportation d'égale importance.

Cela résulte clairement des faits que je viens d'exposer. Cela n'est pas douteux, *s'il est bien vrai,* comme l'affirment les voyageurs, comme me l'affirmait récemment encore un officier de marine qui revenait ces jours-ci du Tonkin et qui y était il y a vingt ans, que l'argent a conservé dans tous ces pays-là le même pouvoir d'achat, la même puissance libératoire, la même valeur qu'autrefois.

J'ai, pour vous le prouver, Messieurs, d'autres autorités encore et d'autres preuves.

M. Jamiesson, consul anglais à Shanghaï, fait tous les ans un rapport à son gouvernement. Celui qu'il a fait en 1893 a pour sujet : Rapport de valeur de l'argent et des marchandises en Chine.

En Chine, dit M. Jamiesson, les méthodes de cult re, les procédés industriels n'ont pas varié. On y cultive, on y produit comme il y a vingt ans, cent ans, mille ans.

La Chine forme donc un champ excellent pour l'étude de la valeur relative de l'argent et des marchandises en général.

Les inventions scientifiques, les progrès mécaniques modernes sont des facteurs qui peuvent ailleurs jouer un rôle ; ils sont sans effet en Chine puisqu'ils n'y ont pas pénétré.

Pour faire cette étude, M. Jamiesson a divisé les marchandises chinoises en 3 catégories :

1º Celles que la Chine produit et consomme ;

2º Celles qu'elle produit et exporte ;

3º Celles qu'elle importe et consomme.

Puis il s'est livré sur chacune de ces catégories à des statistiques de prix desquelles il résulte :

Que pour la première catégorie, avec la même quantité d'argent, on peut acheter aujourd'hui 9 0/0 de marchandises de plus qu'en 1870-74 ;

Que pour la seconde catégorie, le prix est resté le même ;

Que pour la troisième catégorie, on peut s'en procurer aujourd'hui pour la même quantité d'argent 26 0/0 de plus qu'en 1870-1874

Cette époque 1870-1874 est celle à partir de laquelle l'ancien pair de valeur entre l'or et l'argent a disparu.

Ainsi donc, pour les marchandises que la Chine produit et consomme elle-même, la valeur de l'argent *n'a pas diminué mais augmenté de 9 0/0.*

Pour celles qu'elle produit et exporte, l'argent a conservé la même valeur.

Enfin, au regard des marchandises que la Chine ne produit pas et qu'elle importe, l'argent *a pris une plus-value de 26 0/0.*

Il est donc bien vrai qu'en Chine, dans cet immense pays à étalon d'argent, ce métal a conservé tout son pouvoir d'achat, toute sa puissance libératoire, toute sa valeur, en un mot, et qu'au lieu de diminuer elle s'est même accrue.

Ce document, Messieurs, aura, j'en suis sûr, à vos yeux comme aux miens, une grande autorité, car, vous savez comme moi que les agents d'un gouvernement, quel qu'il soit, ont une tendance naturelle à ne pas entrer en lutte avec l'opinion du gouvernement qui tient leur avancement, sinon leur sort, dans sa main.

Or, n'oubliez pas que le gouvernement anglais est le gouvernement monométalliste-or qui a empêché toute entente internationale d'aboutir et que les documents préparés par ses agents ne doivent pas l'être pour les besoins de la cause du bimétallisme.

Permettez-moi de vous soumettre encore des preuves de ce fait que ses produits ont conservé dans le camp blanc la même valeur, le même prix qu'autrefois, tandis que chez nous, dans le camp jaune, le prix de tous nos produits a diminué de moitié.

Ce sont, Messieurs, des preuves qui parlent aux yeux.

(Voir ci-contre le Tableau des Courbes des prix de la Soie du Japon.)

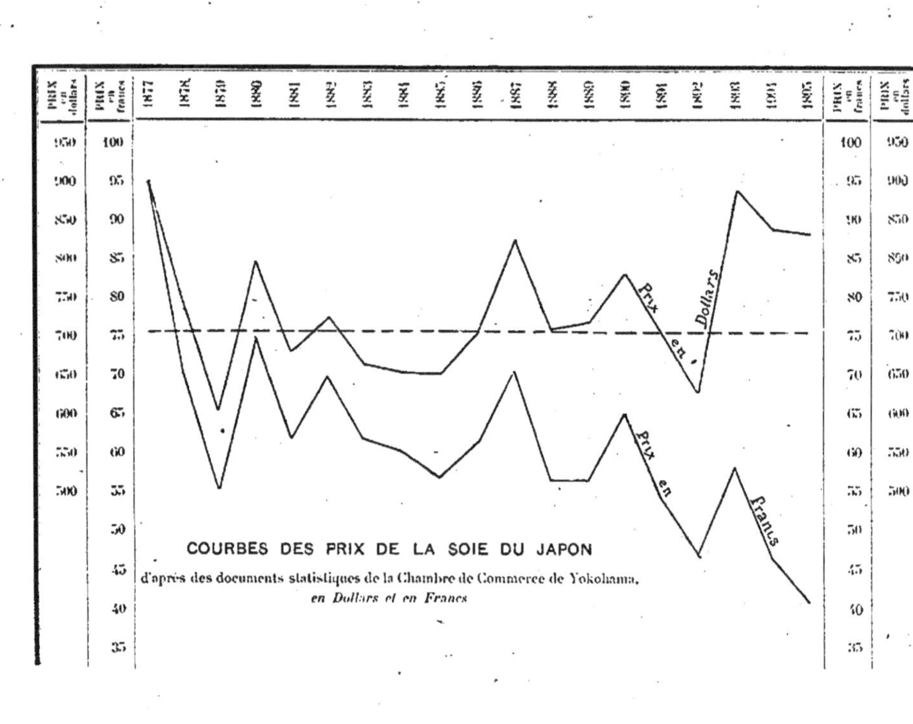

COURBES DES PRIX DE LA SOIE DU JAPON

d'après des documents statistiques de la Chambre de Commerce de Yokohama,
en Dollars et en Francs

Ce sont les courbes de variation des prix en or et en monnaie d'argent, roupies, piastres, yens, taels, des marchandises qui nous viennent de ces pays lointains faire concurrence aux nôtres.

Voici, par exemple, dressée d'après une statistique de la Chambre de commerce de Yokohama, la courbe des prix de la soie de filature du Japon depuis 1877 jusqu'à nos jours. La courbe supérieure représente les prix en dollars à Yokohama.

La courbe inférieure, les prix de la même soie en francs sur le marché de Lyon.

Les prix en dollars sont les mêmes aujourd'hui qu'il y a dix-huit ans ; ils oscillent annuellement au-dessus et au-dessous d'une ligne de niveau qui passe par le prix de 700 dollars. Ils sont aujourd'hui à 850 dollars comme en 1877.

Les prix en francs, au contraire, partent de 95 francs en 1877 et suivent les oscillations d'une courbe descendante qui s'écarte de plus en plus de la courbe supérieure et de la ligne de niveau à mesure que le change baisse et qui aboutit aujourd'hui au prix de 40 francs, au lieu de 95, prix de 1877.

La soie de France a naturellement suivi les mêmes fluctuations.

Ainsi, le Japonais, qui produit la soie, reçoit pour son travail la même quantité de monnaie de son pays et, par suite, la même rémunération, tandis que le producteur de soie européen ne reçoit pas même la moitié de ce qu'il recevait autrefois, que la rémunération de son travail est dérisoire et que tout bénéfice s'est transformé pour lui en une perte qui s'augmente chaque jour et le conduit à la ruine.

Voici, Messieurs, la courbe des prix du riz à Saïgon en piastres et la même courbe en francs à Paris. Cette dernière, comme pour la soie, tombe de 20 francs les 100 kilos en 1876 à 16 fr. 50 en 1890 pour aboutir à 12 fr. 50 en 1895, soit une baisse de près de moitié, tandis que la courbe des prix en piastres oscille au-dessus et au-dessous d'une ligne de niveau qui passe par le prix de 1 p. 80 par picul, commençant à 1 p. 80 en 1886 et se terminant à 1 p. 80 en 1894.

(Voir ci-contre le Tableau des Courbes des prix du Riz Rangoon.)

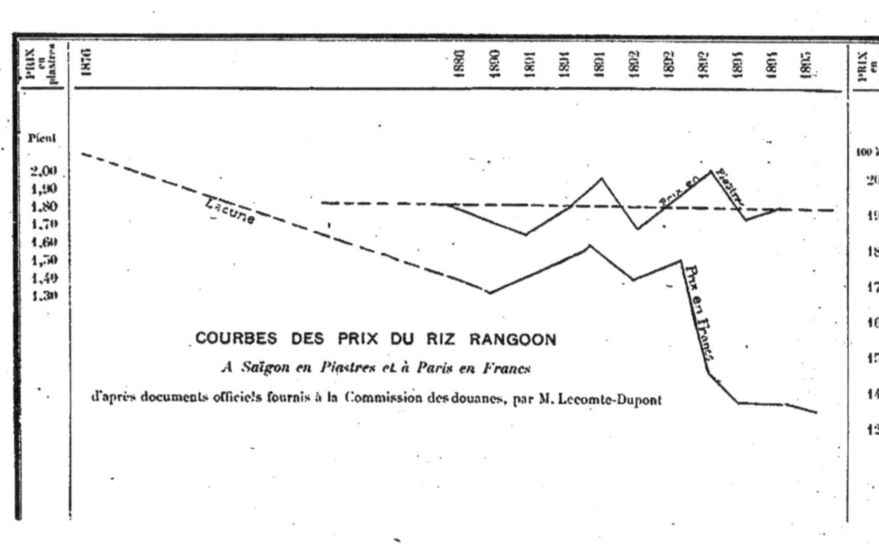

COURBES DES PRIX DU RIZ RANGOON

A Saïgon en Piastres et à Paris en Francs

d'après documents officiels fournis à la Commission des douanes, par M. Lecomte-Dupont

Il en serait certainement de même pour le blé, la laine, le coton. Les documents qui concernent ces produits donneront les mêmes résultats, cela n'est pas douteux.

Il serait même facile de démontrer *qu'il est impossible qu'il en soit autrement*, car il est évident que si, sur un point quelconque d'un pays à étalon d'argent, le prix des marchandises ne s'était pas maintenu au même niveau qu'autrefois *alors que leur prix en or a diminué chez nous de moitié*, c'est que sur ce point le rapport de valeur de l'or à l'argent ne serait pas le même qu'ailleurs dans le monde, ce qui ne peut évidemment pas se produire.

Ce phénomène, Messieurs, du maintien des prix des marchandises au même niveau dans tous les pays du camp blanc, tandis qu'au contraire elles s'avilissent partout dans le camp jaune, est de nature à faire naître les plus sombres réflexions pour l'avenir. Toute lutte ultérieure contre les producteurs du camp blanc apparaît impossible. Les producteurs du camp jaune voient leur travail, le produit de leur travail, leur rémunération, diminuer chaque jour de valeur, tandis que leur prix de revient s'augmente et que la ruine s'installe à leur foyer.

C'est la destruction certaine du vieux monde européen à étalon d'or, la destruction rapide de son agriculture, par l'Asie et les nations à étalon d'argent.

Quant à son industrie, si sa ruine doit être moins rapide, elle n'en est pas moins assurée. Déjà, de nombreuses industries existent dans le camp blanc et toutes leurs rivales du camp jaune sont d'avance battues par elles. Quant à celles qui n'existent pas encore dans le camp blanc, elles s'y installeront demain en raison des avantages considérables qu'elles y trouvent.

C'était très difficile autrefois, c'est très facile aujourd'hui. Nous ne sommes plus à l'époque où une industrie ne se déplaçait qu'à la suite d'un bouleversement social comme la révocation de l'édit de Nantes.

Il n'est plus nécessaire aujourd'hui, pour déplacer une industrie, de déplacer avec soi toute la population ouvrière.

Aujourd'hui il suffit de transporter la machine-outil avec deux ou trois personnes, pour dresser en quelques jours la population ouvrière la moins habile à surveiller et assurer la marche du métier mécanique.

Demain donc, sur tous les points du camp blanc, peut s'installer n'importe quelle industrie. A chaque installation nouvelle, c'est une porte nouvelle fermée à notre exportation et une menace nouvelle pour notre propre situation sur les marchés du camp jaune.

Quelle sombre perspective ! Quelle triste horizon !

Mais à d'autres points de vue, la situation n'est pas moins grave.

Examinez, au point de vue financier, la situation de notre crédit hypothécaire, de notre crédit foncier.

Supposez que le Crédit Foncier ait prêté, il y a vingt ans, un milliard sur hypothèque et que les emprunteurs se soient engagés à payer annuellement 50 millions par an.

Quand ils ont pris cet engagement, ils savaient qu'il leur suffirait de vendre la moitié, je suppose, des trois ou quatre principaux produits agricoles qu'ils récoltaient dans leurs propriétés, pour se procurer les 50 millions nécessaires à l'amortissement de leur dette. Aujourd'hui, pour se procurer ces 50 millions ils sont obligés de donner une quantité double de ces mêmes produits agricoles. Il ne leur reste plus dans l'excédent de leur production de quoi payer les frais de culture. Il faut pourtant qu'ils vivent. Ils ne peuvent le faire qu'en dépouillant, qu'en épuisant le sol qu'ils devraient féconder et quand le sol est complètement ruiné comme eux, quand le Crédit Foncier en est réduit à les exproprier, il ne lui reste plus entre les mains qu'un gage sans valeur.

Laissez cette situation s'aggraver encore et vous verrez à quel krach financier elle mènera le pays !

Au point de vue budgétaire, la situation est-elle meilleure ? Hélas! pour se libérer de ses impôts, pour se procurer la quantité d'or nécessaire à sa libération, tout citoyen doit fournir chaque année une plus grande quantité de produits agricoles ou industriels, une plus grande somme d'efforts de toute nature. La même charge qu'il y a vingt ans pèse d'un poids double sur ses épaules. Combien plus légère serait pour lui cette charge si, comme pour les producteurs des pays à étalon d'argent, les produits de son travail avaient conservé la même valeur, s'ils lui rapportaient la même somme de monnaie qu'il y a vingt ans !

Si l'on pouvait rétablir cette situation, quelle merveilleux résultat !

Ne serait-ce pas le moyen le plus efficace d'atteindre la richesse acquise, celle qui assure l'existence de ceux qui possèdent, qui peuvent vivre largement sans être obligés de se livrer à un' dur labeur et d'alléger en même temps les charges qui pèsent trop lourdement sur tous ceux qui produisent et qui ne doivent qu'à leur travail leurs moyens d'existence ?

La charge des premiers serait d'ailleurs bien plus apparente que réelle, car l'effet de la mesure serait aussi pour le plus grand nombre d'augmenter leur revenu. Voilà la meilleure réforme fiscale, donnant tous les résultats de l'impôt sur le revenu sans en avoir les inconvénients.

Quelle élasticité notre budget ne retrouverait-il pas en même temps et quelles plus-values (conséquence forcée d'une situation plus prospère) à l'aide desquelles il serait alors possible, sans charges nouvelles, de réaliser enfin une bonne partie du programme de réformes si impatiemment attendues par la démocratie et que la prudence la plus élémentaire obligera trop longtemps encore à ajourner devant une situation financière obérée.

Pouvons-nous espérer, Messieurs, pour soutenir la lutte économique, trouver le remède dans le relèvement de nos tarifs douaniers ?

Je ne le pense pas.

Leur exagération elle-même ne serait pas sans présenter de sérieux dangers et, d'ailleurs, le mal s'aggrave chaque jour à mesure que la prime de l'or augmente. Un tarif fixe ne répondrait pas aux nécessités futures. Il faudrait donc avoir recours à une véritable échelle mobile douanière générale.

Est-ce possible ?

Si certains esprits peuvent accepter l'application de cette idé de l'échelle mobile, réduite au blé tout seul, n'est-il pas évident qu'ils seront réfractaires à une généralisation dont les conséquences seraient d'élever l'instabilité commerciale à la hauteur d'une institution ?

Non, Messieurs, ce n'est pas de ce côté qu'il faut chercher le remède au mal causé par la crise monétaire. D'ailleurs, ce n'est pas pour parer à ce mal que notre nouveau régime économique a été établi. Le mal qu'il doit guérir est d'un autre ordre, il est dû à d'autres causes, il existait déjà avant la crise monétaire.

Avant 1873, la nécessité de protéger notre travail national

s'imposait déjà depuis longtemps à l'attention de tous ceux qui ont le souci de la défense nationale et de la prospérité de notre patrie.

L'accroissement constant de nos charges, les progrès mécaniques modernes qui avaient permis à l'industrie de s'installer partout, l'abaissement des tarifs de transport qui avaient joué dans le passé comme de véritables tarifs douaniers protecteurs, le rapprochement de ces innombrables populations de l'Extrême-Orient, qui non seulement disposent d'une main-d'œuvre infime, mais n'ont pas à supporter nos lourdes charges, devenues pour ainsi dire nos voisines, alors qu'elles étaient autrefois si loin de nous, la politique protectionniste adoptée par les États-Unis et par les grands peuples européens, nos voisins, *tout* enfin nous faisait un devoir de chercher à rétablir par une protection douanière l'équilibre rompu *dans les conditions de la production, dans les prix de revient.*

Mais cette nécessité devint, à partir de la rupture du pair bimétallique, plus impérieuse encore, et le rétablissement du pair bimétallique ne la fera pas disparaître.

Il n'en est pas moins vrai que la prime de l'or a rendu plus palpable la nécessité de cette protection douanière.

A une baisse de 10 0/0 de l'argent, par rapport à l'or, a correspondu, en effet, une baisse de 10 0/0 dans la valeur de tous les grands produits agricoles. On s'est trouvé alors non pas en présence d'un excès de production, mais d'une contraction considérable de la consommation. Il ne faut pas perdre de vue, en effet, que la concurrence des pays à étalon d'argent s'est surtout exercée sur nos produits agricoles, l'industrie n'y étant pas encore à beaucoup près aussi développée que l'agriculture.

De même que ce qui constitue les principales ressources du budget, ce ne sont pas les impôts élevés qui frappent le petit nombre des riches mais, au contraire, ceux qui atteignent les plus nombreux, c'est-à-dire les moins fortunés, de même aussi ce qui constitue le fond de la consommation, ce qui contribue le plus à absorber toute la production, c'est la masse des populations agricoles qui sont les plus nombreuses.

Or, non seulement c'est la population agricole qui a été la première atteinte dans ses revenus, mais aussi c'est elle qui, en présence d'une diminution de ses ressources, s'impose le plus facilement une réduction dans ses dépenses.

Quand ses revenus diminuent, elle réduit immédiatement, et sans hésitation, sa consommation générale.

La baisse progressive du change, due à l'augmentation de l'écart entre les deux étalons monétaires, a donc produit une contraction considérable de la consommation et créé pour l'industrie une nouvelle cause de souffrance qui vint s'ajouter à toutes celles qui existaient déjà.

L'industrie dut chercher la reconstitution de ses bénéfices dans un abaissement du prix de revient, c'est-à-dire dans la répartition de ses frais généraux sur une production plus forte. Ainsi le mal fut aggravé, ainsi la nécessité d'une protection douanière devint plus évidente.

Les nations qui les premières y eurent recours en ont largement profité, car leurs tarifs les ont protégées à la fois contre leurs voisines et contre la prime de l'or, faible au début.

Nous, les derniers venus à la protection, au contraire, nous n'avons trouvé, dans les tarifs très modérés que nous avons établis, qu'une faible atténuation à nos souffrances.

Aujourd'hui, nos adversaires économiques reprochent à notre nouveau régime de n'avoir pas tenu ses promesses, de n'avoir pas produit les effets favorables qu'on en attendait.

Si ! il a rétabli l'égalité dans les *conditions de la production*. Mais la crise monétaire a créé des inégalités formidables dans les conditions de la vente des produits.

Ce n'est pas pour guérir ce mal que notre nouveau régime douanier a été établi.

Mais, d'ailleurs, Messieurs, nous ne pouvions pas savoir, en 1891, qu'un an à peine après son établissement, une nouvelle cause de dépression agricole, industrielle et commerciale se produirait ; nous ne pouvions pas savoir que l'Angleterre suspendrait, le 26 juin 1893, la libre frappe de l'argent dans tous les hôtels des monnaies des Indes. Nous ne pouvions pas savoir que, *quatre jours après* cette mesure, la prime de l'or aurait doublé. Nous ne pouvions pas savoir qu'en si peu de temps cette cause de dépression qui, quoique plus faible, agissait déjà, c'est-à-dire la dépréciation extérieure de la monnaie du camp blanc serait doublée comme par enchantement.

Notre nouveau régime douanier, élaboré en 1891, voté dans le premier mois de 1892, n'a pas été fait pour parer à ce nouveau danger formidablement accru en 1893, et nous pouvons dire au contraire que, si la protection que nous lui devons est devenue insuffisante depuis, elle ne nous en a pas moins évité un véritable désastre.

Quoi qu'il en soit, vous le voyez, Messieurs, le mal causé par la rupture du pair bimétallique est immense. Les ruines déjà accumulées sont formidables, mais elles ne sont rien en comparaison de celles que l'avenir nous réserve.

La recherche du remède à cette situation s'impose donc à nous comme une mesure de salut public, comme un devoir patriotique.

Ce remède, quel est-il ?

Il est dans le rétablissement de l'ancien pair bimétallique ; de l'ancien rapport de valeur entre l'or et l'argent. Il est dans la réhabilitation de l'argent comme métal monétaire.

L'application de ce remède est-elle possible, est-elle réalisable ?

Messieurs, si nous voulons répondre à cette question avec quelque précision, il nous faut rechercher, d'abord, quelles sont les véritables causes de la rupture du pair bimétallique.

Cette rupture est-elle, comme l'affirment les monométallistes-or, la conséquence d'une surproduction de l'argent ?

N'est-elle pas due, au contraire, comme c'est ma conviction profonde, à la modification des lois monétaires du monde ?

Quand l'écart de valeur entre les deux étalons a-t-il commencé à se produire ? En 1873, à partir du moment où la libre frappe de l'argent a été supprimée, à la fois, en Allemagne, en Hollande, aux États-Unis et réduite en France et dans les pays de l'Union latine.

N'y a-t-il pas là, Messieurs, une coïncidence significative ?

A ce moment, d'ailleurs, personne ne parlait de surproduction. Ce n'est pas à cause d'une surproduction, qui n'existait pas alors, que l'Allemagne est passée de l'étalon d'argent à l'étalon d'or. Cette prétendue surproduction n'a donc pas servi de prétexte à un changement de la loi monétaire allemande qui a entraîné celui des autres nations.

De 1873 à nos jours, la production de l'argent a, il est vrai, à peu près quadruplé. Mais un pareil accroissement dans la production, justifie-t-il une baisse de plus de 50 0/0 par rapport à l'or?

Les mêmes causes ne produisent-elles donc plus les mêmes effets?

De 1831 à 1841, la production totale de l'or dans le monde était, année moyenne, de 20,000 kilos.

De 1849 à 1857, elle *a décuplé;* elle a été de 200,0000 kilos par an et *l'or n'a pas baissé.* Ainsi, quand la production de l'or décuple, l'or ne baisse pas.

Quand celle de l'argent ne fait que quadrupler, il baisse de 50 0/0.

N'est-ce pas la preuve évidente que la production plus ou moins abondante n'est pour rien dans la variation de la valeur relative des deux métaux et qu'il doit y avoir à cette variation *une autre cause d'une puissance bien plus considérable?*

Nous aurons l'occasion de fournir plus loin de nouvelles preuves que l'influence de la production est insignifiante dans la question. Il suffit, d'ailleurs, de réfléchir que l'or et l'argent ne se consomment pas. Ils constituent une masse énorme entre les mains des hommes, si l'on considère ces masses réunies comme placées dans de vastes réservoirs et si l'on considère les mines d'or et d'argent du monde entier qui les alimentent comme des sources dont le faible débit a mis des siècles à les remplir, on comprend que le niveau relatif des deux réservoirs varie peu. La part de la production des sources qui va à la monnaie représente, à peine, si l'on tient compte de l'usure, 1/2 0/0 par an de la masse totale, pour chacun des deux métaux.

La différence du débit qui pourrait modifier le rapport des masses est beaucoup moindre; mais même dans l'hypothèse où l'une des *sources s'arrêterait complètement,* l'autre mettrait vingt ans à augmenter sa propre masse de 10 0/0. Le rapport des masses n'aurait varié en vingt ans que de 5 0/0.

Si les deux sources continuent à couler, la variation du rapport des deux masses est infime.

L'influence des variations de production est donc presque nulle. Ce n'est pas là qu'il faut chercher la cause de la rupture du pair.

Cette cause, c'est le changement de la loi monétaire.

Quelle avait été, dans le passé, cette loi monétaire?

Nous verrons ensuite les modifications qu'elle a subies.

De tous temps, les nations avaient établi un rapport de valeur fixe entre les deux métaux. Elles avaient inscrit dans leur lois que leurs citoyens seraient autorisés à se libérer de leurs impôts soit avec tel poids d'or, soit avec tel autre poids d'argent. Tant que cette loi a duré, nulle part on n'a rencontré des hommes qui consentissent à échanger les deux métaux dans un autre rapport de poids que celui qui était ainsi fixé par la loi, et le rapport de valeur entre les deux métaux est resté fixe et immuable. Comment les nations ont-elles été amenées à fixer ainsi un rapport de valeur?

Lorsque les premières sociétés se sont organisées, on ne connaissait que l'échange par troc. Tout échange était si difficile, que l'idée de créer, pour mesurer la valeur des marchandises, une unité de mesure s'imposa comme aussi nécessaire que la création d'une unité de mesure de longueur, de volume et de poids.

Le premier groupe d'hommes qui eut l'idée de la monnaie prit, pour la créer, un métal qui présentât les caractères voulus pour répondre aux besoins qu'elle devait satisfaire. Il prit le métal qu'il avait à sa disposition. Supposons que ce fut l'argent. Il ne fixa nullement la valeur de l'argent. Il décida seulement que le gramme d'argent servirait d'unité de mesure à la valeur des marchandises, laissant à la loi de l'offre et de la demande le soin de fixer la valeur relative de l'argent et des marchandises. On tint compte, évidemment, pour cela, de la somme d'efforts qu'il fallait faire pour se procurer soit tel poids d'argent, soit tel poids de marchandise.

Puis, la loi décida que chaque citoyen pourrait se libérer de ses impôts avec un poids déterminé d'argent au lieu de les payer en nature.

Le gouvernement lui-même décida de payer aussi ses agents avec un poids déterminé d'argent au lieu de les payer en nature.

Tout le monde prit confiance dans ce métal et les échanges de ce groupe d'hommes devinrent très faciles avec la monnaie d'argent.

Un second groupe d'hommes, fort éloigné du premier et, comme lui, pressé par la nécessité de créer une monnaie, mais n'ayant que de l'or, prit aussi le métal qu'il avait à sa disposition. Le gouvernement l'accepta en payement de l'impôt, chacun l'accepta en échange de ses marchandises et les échanges devinrent ainsi très faciles entre les membres de ce second groupe d'hommes à l'aide de la monnaie d'or.

Mais, lorsque les deux groupes d'hommes entrèrent en relations et voulurent procéder à des échanges, ils ne purent le faire que par troc, car l'or n'était qu'une marchandise pour les hommes du premier groupe. Ils ne pouvaient s'en servir chez eux, ni pour payer leurs impôts, ni pour payer leurs achats.

Il en était de même de l'argent pour les membres du second groupe.

Les gouvernements des deux groupes négocièrent pour supprimer une des deux monnaies, mais aucun ne voulut abandonner celle dont il avait l'habitude et les échanges ne devinrent faciles entre les deux groupes que le jour où les deux gouvernements s'étant aperçus que telle marchandise était mesurée dans le premier groupe par 15 gr. 1/2 d'argent, que la même marchandise était mesurée dans le second par un gramme d'or, décidèrent d'un commun accord que les citoyens seraient autorisés à se libérer de leurs impôts soit avec un gramme d'or, soit avec 15 gr. 1/2 d'argent.

Aussitôt cet accord conclu, aussitôt cette loi bimétallique établie, les habitants du premier groupe ne virent plus aucun inconvénient à accepter le payement de leurs marchandises en or, ceux du second groupe en argent, parce qu'ils pouvaient se libérer de leurs impôts, soit avec l'un, soit avec l'autre métal.

Cette loi a existé de tous temps et partout, chez Darius, chez les Pharaons, chez Salomon même (tous ces rois étaient bimétallistes). Le rapport de valeur fixé par la loi a constamment réglé la valeur relative. Celle-ci s'est toujours conformée à ce rapport sans être influencée par les variations de la production des deux métaux. Le rapport lui-même a souvent varié, mais parce que certains monarques peu scrupuleux y trouvaient un moyen de se procurer des ressources. C'est ainsi que quand l'un de ces maltôtiers détenait une certaine quantité de l'un des deux métaux, il n'avait qu'à décider qu'à l'avenir un poids plus faible de ce métal vaudrait le même poids de l'autre pour gagner toute la différence.

Il est si vrai que c'est la loi elle-même qui fait fixer la valeur relative des deux métaux qu'il suffisait alors de la volonté du prince pour produire le résultat et dès que son caprice avait fixé un rapport nouveau et que les hôtels des monnaies ne frappaient plus que dans ce rapport nouveau, c'était ce rapport nouveau qui servait de base à tous les échanges entre les particuliers.

Le rapport de valeur des deux métaux s'est toujours conformé au rapport fixé par la loi.

Ces lois bimétalliques ont existé chez presque toutes les nations civilisées à travers la suite des siècles; elles sont indispensables pour faciliter les échanges, pour assurer la fixité, c'est-à-dire la justice, dans les contrats et maintenir égales les conditions de lutte économique entre les nations.

Elles sont donc conformes à la fois à la justice et à l'intérêt de l'humanité toute entière et c'est là la raison qui les avait fait établir.

Depuis la fin du siècle dernier, la loi monétaire française était bimétallique et elle est restée bimétallique jusqu'en 1873.

Au moment où la première République fit sa loi monétaire, l'Angleterre et l'Allemagne avaient l'étalon d'argent et leurs hôtels des monnaies étaient ouverts à la libre frappe de l'argent. On y frappait aussi de l'or et la loi y avait fixé le rapport de valeur de l'or par rapport à l'argent de 1 à 15 1/2.

Jusque-là le rapport qui avait existé en France avait été un peu plus favorable à l'argent. La République adopta le même rapport qui prévalait en Angleterre, en Allemagne, et chez les principales nations européennes. Elle décida que 5 grammes d'argent *étaient* 1 franc, et elle ouvrit ses hôtels des monnaies à la libre frappe des deux métaux dans le rapport de 1 à 15 1/2.

Tant que cette loi a duré (la France et les pays de l'Union latine l'ont maintenue jusqu'en 1873), le rapport de valeur de l'or à l'argent est resté *absolument fixe*, quelles qu'aient été les variations de la production relative des deux métaux.

C'est ainsi que pendant les trente à quarante premières années du siècle, on produisait trois fois plus d'argent que d'or; néanmoins, la valeur de l'argent, par rapport à l'or, est restée fixe.

Depuis 1850, au contraire, on a produit trois fois plus d'or que d'argent, sans que la valeur de l'or baissât par rapport à l'argent.

Je vous ai déjà signalé ce fait que, en moins de 20 ans, la production de 20,000 kilos d'or, était passé à 200,000 kilos sans que le rapport de valeur fût affecté.

Jo dis, Messieurs, que, pendant cette longue période de trois quarts de siècle, ce rapport de valeur est resté absolument fixe ; on en trouve la preuve dans ce fait que la valeur de la barre d'argent sur le grand marché international de Londres est restée fixe.

La barre d'argent a constamment valu en moyenne 60 pence et demi l'once standard. Si vous consultez la cote, vous la trouvez quelquefois à 59 pence, quelquefois à 62 pence l'once standard, avec une variation d'un penny et demi au-dessus ou au-dessous de la valeur moyenne ; jamais plus.

Je dis, Messieurs, que le rapport de valeur entre l'or et l'argent est resté fixe de 1 à 15 1/2, malgré cette variation d'un penny et demi dans la valeur de la barre d'argent à Londres. Cette variation, en effet, avait une cause bien connue. Quand la balance du commerce de l'Angleterre avec l'Inde était en faveur de l'Angleterre, celle-ci payée en argent par l'Inde était obligée, pour utiliser le métal argent qu'elle recevait, de le vendre ou de l'envoyer en France pour le faire frapper, car elle n'avait pas elle-même de monnaie d'argent. Si elle trouvait acheteur à 59 pence, elle vendait, car la différence d'un penny et demi représentait exactement les frais de transport et de frappe qu'elle aurait dû payer. Si on lui en offrait moins, elle l'envoyait frapper en France et remportait de l'or. Si, au contraire, la balance était en faveur de l'Inde, l'Angleterre, pour la payer, était obligée d'acheter à Londres des barres d'argent.

Les détenteurs de ces barres pouvaient alors relever leur prix jusqu'à 62 pence, mais si leurs prétentions s'élevaient au-dessus, le gouvernement anglais n'avait qu'à apporter de l'or aux hôtels des monnaies français pour en remporter de l'argent dans le rapport de 1 à 15 1/2 ; les frais qu'il était obligé de faire ne dépassaient pas 1 penny 1/2 par once et l'once ne lui coûtait jamais plus de 62 pence rendue à Londres, de sorte, que les détenteurs de barre d'argent qui voulaient en relever le prix au-dessus, ne pouvaient trouver acheteurs.

On peut donc dire que le rapport de valeur est resté absolument fixe pendant trois quarts de siècle.

Il ne pouvait d'ailleurs en être autrement, grâce à la puissance monétaire de la France et de l'Union latine.

On ne saurait, en effet, concevoir un détenteur de 15 kilos 1/2 d'argent, désireux de les convertir en or, assez naïf pour consentir à les céder pour moins d'un kilo d'or, puisqu'il lui suffisait de les apporter à l'hôtel des monnaies français pour avoir en échange un kilo d'or.

On ne concevrait pas davantage un détenteur d'or, ayant besoin de 15 kilos 1/2 d'argent, qui consentit à donner plus d'un kilo d'or en échange, puisqu'il suffisait d'apporter un kilo d'or à l'hôtel des monnaies français pour avoir 15 kilos 1/2 d'argent.

Cette fixité si remarquable s'est maintenue, grâce à la puissance du bimétallisme de l'Union latine, malgré d'importantes modifications dans la législation monétaire de deux grandes nations.

L'Angleterre, en 1816, par l'act de lord Liverpool, décida qu'à l'avenir l'or serait l'étalon de mesure de la valeur des marchandises.

Un décret royal devait (d'après une clause de l'act) fixer plus tard le rapport de valeur de l'argent relativement à l'or, rapport dans lequel les hôtels des monnaies anglais seraient autorisés à reprendre la frappe des deux métaux.

Mais à cette époque, l'Angleterre n'avait que du papier, elle ne reprit sa frappe que trois ans plus tard, en 1819, et ne frappa que de l'or, le décret royal qui devait régler la libre frappe de l'argent n'ayant jamais été pris.

Les États-Unis étaient bimétallistes depuis le commencement du siècle, mais ils avaient établi le rapport de valeur de 1 à 15. Ils sont restés sous cette loi jusqu'en 1834.

Ils est facile de comprendre que, jusque-là, la différence du rapport de valeur avec celui des pays européens devait avoir pour conséquence de faire disparaître des États-Unis tous les dollars d'or que le gouvernement faisait frapper.

On gagnait, en effet, un demi-kilo d'argent pour chaque kilo d'or qu'on exportait en Europe, puisqu'en échange d'un kilo d'or on recevait en France 15 kilos 1/2 d'argent et qu'il suffisait de reporter 15 kilos d'argent aux États-Unis pour obtenir un nouveau kilo d'or.

On peut donc dire que, jusqu'en 1834, les États-Unis étaient, de par leur loi, bimétallistes mais qu'en fait, ils étaient monométallistes argent, car les particuliers avaient le même intérêt à y faire frapper leur argent, qu'à venir faire frapper leur or en Europe.

En 1834, les États-Unis, tout en conservant leur loi bimétallique, modifièrent leur rapport de valeur et établirent celui de 1 à 16 ; ils s'y décidèrent pour éviter cet exode de leurs dollars d'or vers l'étranger. Ils dirent : « Nos dollars d'or s'en vont parce qu'ils sont trop légers ; faisons-les plus lourds, ils resteront. »

Le mouvement inverse se produisit aussitôt. On gagnait en effet 1/2 kilo d'argent à venir chercher de l'or en Europe. Il suffisait d'apporter 15 kilos 1/2 d'argent pour obtenir un kilo d'or qui, de retour en Amérique, s'échangeait contre 16 kilos d'argent. Aussi peut-on dire qu'à partir de 1834, malgré leur loi bimétallique, les États-Unis sont devenus *de fait monométallistes or*, car les particuliers avaient le même avantage à y faire frapper leur or qu'à venir faire frapper leur argent en France.

Notre bimétallisme eut donc à lutter à la fois contre l'Angleterre à partir de 1816 et contre les États-Unis à partir de 1834.

Il est vrai que, pendant cette période, l'Allemagne était auprès de nous monométalliste argent. Quoi qu'il en soit, grâce au bimétallisme français, le rapport de valeur fut maintenu fixe entre les deux métaux contre l'Angleterre et les États-Unis coalisés.

Cela a duré jusqu'en 1873.

Comment notre encaisse or pouvait-il résister aux saignées que la spéculation américaine avait intérêt à y faire ? Comment a-t-il pu se maintenir, alors que l'Angleterre, ayant proscrit l'argent, avait vu doubler, au moins, ses besoins d'or ?

Notre encaisse or s'alimentait non seulement par nos revenus de l'extérieur, mais aussi par le libre jeu du commerce de l'Angleterre, avec les pays à étalon d'argent.

Par exemple, quand l'Angleterre avait fait des achats considérables aux Indes, quand elle devait leur payer en argent des sommes considérables, comme elle était monométalliste or, qu'elle n'avait pas d'argent, elle nous apportait ses souverains d'or, ses livres sterling, que nous transformions en louis et emportait nos écus. Notre encaisse or se reconstituait ainsi en partie et c'est ainsi qu'il a pu maintenir fixe le rapport de valeur de l'or à l'argent.

Mais en 1871, l'Allemagne crut devoir, à son tour, modifier sa loi monétaire. Elle venait de remporter de grandes victoires ;

elle venait de recevoir une rançon de 5 milliards en or, peut être a-t-elle voulu simplement unifier le système monétaire du nouvel empire, peut-être a-t-elle pensé qu'en adoptant la loi monétaire de l'Angleterre, elles feraient à elles deux la loi dans le monde, et que si l'argent devait être un jour déprécié, quand elle aurait réussi à l'écouler chez nous à l'abri de notre loi bimétallique, ce serait encore une nouvelle victoire qu'elle aurait remportée sur nous.

Quoi qu'il en soit, elle avait dans l'or de la rançon, ce qu'il lui fallait pour faire la transformation. Elle jeta sur le marché près de 4 millions de kilos d'argent, équivalent de trois récoltes totales du globe.

La France ne voulut pas s'exposer, alors que le sol de la patrie était envahi, qu'elle n'avait pas encore fini de payer sa rançon et qu'elle avait à reconstituer son outillage militaire, à voir disparaître tout son encaisse métallique or, et, dès 1873, elle réduisit la libre frappe de l'argent.

Immédiatement, le pair fut rompu, l'argent baissa par rapport à l'or. Non pas parce qu'on produisait trop d'argent (la surproduction prétendue n'existait pas encore), mais parce que, tant que le détenteur du lingot d'argent eut la faculté de le faire transformer en écus sonnants et ayant cours forcé, jamais il ne consentit à donner quinze kilos d'argent pour moins d'un kilo d'or. Dès que cette faculté fut restreinte, au contraire, dès qu'il dut se faire inscrire, ne passer qu'à son tour, attendre six mois, neuf mois, un an pour obtenir la transformation de son lingot en monnaie, il fut passible de pertes d'intérêts qui devaient fatalement diminuer la valeur de son lingot.

Ce fut là l'origine de la baisse de l'argent par rapport à l'or. Les variations de la production n'y sont pour rien.

Les Etats-Unis, à leur tour, passèrent au monométallisme or en 1873 ; enfin, en 1878, la France et l'Union latine transformèrent la réduction en suspension totale de la frappe de l'argent.

A partir de ce moment l'écart entre les deux étalons alla en s'accentuant progressivement, et ce fut par la hausse de l'or par rapport à l'argent que cet écart s'accrut.

Il ne pouvait en être autrement.

L'humanité ne vit pas en effet seulement de pain et de vin, elle a d'autres besoins.

Tous les hommes ont besoin de monnaie.

La monnaie est un des besoins impérieux qu'il faut satisfaire.

La monnaie est l'outil de l'échange.

A mesure que la population humaine augmente, et elle augmente de plus de 1 0/0 par an, il est indispensable que le nombre
des outils d'échange augmente proportionnellement.

Mais les échanges n'augmentent pas seulement proportionnellement à la population. L'augmentation de la production agricole
et industrielle, due aux inventions scientifiques modernes, met
chaque jour une masse grandissante de marchandises à la disposition des humains.

La facilité chaque jour plus grande des communications,
l'abaissement du coût des transports, permettent aux échanges
de suivre l'importance de la production.

Les besoins d'outils d'échange vont donc en augmentant
aussi.

L'humanité a donc chaque jour une plus grande faim de
monnaie.

L'Europe et les Etats-Unis ont pu, jusqu'en 1873, satisfaire
leur faim monétaire soit avec de l'or, soit avec de l'argent.

A partir de 1873, ils n'ont plus pu satisfaire leur appétit
grandissant qu'avec de l'or. Ils ont dû en absorber plus du
double que par le passé, alors que la production restait station-
naire ou diminuait même légèrement.

Quoi de surprenant, si en vertu de la loi de l'offre et de la demande, l'or a surenchéri, si *l'or a haussé* par rapport à l'argent.

Il semble, au premier abord, qu'en vertu de la même loi,
l'argent aurait dû baisser, car non seulement sa production est
allée en croissant, mais la part autrefois absorbée par les pays
du camp jaune est venue s'ajouter pour la satisfaction des besoins
monétaires du camp blanc à la part habituelle que le camp blanc
prélevait déjà dans la production totale du monde.

Si, au contraire, comme nous l'avons démontré tout à l'heure,
la valeur de l'argent n'a pas baissé, si la valeur des marchandises
est restée la même, par rapport à l'argent, si même, en Chine,
d'après M. Jamiesson, son pouvoir d'achat s'est accru, n'est-ce
pas la preuve évidente que l'augmentation de la production
de l'argent aurait été insuffisante pour la satisfaction de la faim

monétaire du monde, puisqu'elle n'a même pas suffi à maintenir au même niveau la valeur des marchandises dans le camp blanc seul?

Et l'on ose parler de surproduction de l'argent, et l'on essaye d'effrayer le monde avec la menace d'une inondation d'argent, alors que sa production ne réussit pas même à suffire aux besoins d'une fraction de l'humanité.

D'ailleurs, si l'on prend les statistiques, que voit-on?

La production des métaux monétaires, dans le monde, s'est élevée de 1493 à 1840 (1) :

Pour l'or à.....................   151.018.000 onces
Pour l'argent à.................   4.791.840.000 onces

Soit 37.7 fois plus d'argent que d'or, et pendant toute cette période le rapport de valeur de l'or à l'argent est resté compris dans les limites fixées par la loi, dans le voisinage de 1 à 15.

De 1841 à 1893, au contraire, cette production a été de :

Pour l'or à................ ....   253.522.000 onces
Pour l'argent à..............·............   2.871.569.000 onces

Soit seulement 11.3 fois plus d'argent que d'or, et c'est depuis qu'il s'est ainsi produit un pareil revirement dans les proportions de cette production, que l'or a haussé de 50 0/0 par rapport à l'argent! Mais n'est-il pas évident, au contraire, que si la production avait une influence sur la valeur relative des deux métaux, elle se serait exercée dans un sens inverse, et que c'est la baisse de l'or qui aurait dû se produire!

Enfin, Messieurs, je trouve une nouvelle preuve de la vérité indiscutable de ce que j'avance, à savoir que la production n'est pour rien dans la valeur du métal monétaire, et qu'au contraire, c'est la loi qui est toute-puissante pour la faire varier, ou la fixer, dans ce qui s'est passé en 1893.

Pendant tout le cours de cette année, la production de l'argent a suivi son cours normal, aucun fait saillant n'est venu la modifier; aucune mine nouvelle n'a été découverte; aucun filon plus riche n'a été mis au jour dans les mines déjà exploitées. Rien qui puisse faire présager un accroissement subit de production.

---

(1) Ces chiffres sont tirés d'une publication faite par la Ligue bimétalliste de l'Extrême-Orient.

Rien, par suite, dans la production qui puisse justifier une chute brusque dans la valeur de l'argent.

Cependant, cette chute s'est produite énorme, atteignant 25 0/0 d'un seul coup sans que la production y soit pour rien.

Le 25 juin 1893, l'argent valait à Londres 38 3/4 pence l'once standard.

Le 30 juin, il ne valait plus que 30 1/2 pence, soit une baisse de 25 0/0.

Mais si la surproduction n'est pour rien dans ce mouvement, quelle est donc la cause qui l'a provoqué ?

C'est la modification de la loi monétaire.

Le 26 juin, en effet, tous les hôtels des monnaies des Indes ont été fermés à la libre frappe de l'argent par ordre du gouvernement.

Comment cette simple mesure, pourquoi ce décret de fermeture des hôtels des monnaies à la libre frappe de l'argent, a-t-il pu amener en moins de cinq jours un pareil écart de valeur ?

Oh ! Messieurs, pour tous ceux qui connaissent la question monétaire, pour tous ceux qui ont intérêt à la connaitre, la question est bien simple.

Les spéculateurs cambistes ont constaté que les mesures analogues prises en Angleterre en 1816, en Allemagne et aux Pays-Bas en 1871, en Amérique en 1873, en France et dans les pays de l'Union latine de 1873 à 1878, avaient eu pour effet de priver l'argent d'une clientèle d'environ 230 millions d'êtres humains. Ils ont calculé que la cessation d'emploi de l'argent par ces 230 millions avait amené en vingt ans une dépréciation de l'argent, par rapport à l'or, d'environ 35 0/0.

Ils ont pensé que la perte d'une clientèle de 250 millions d'Indous aurait en peu de temps des résultats à peu près analogues. Ils ont trouvé qu'ils pouvaient sans danger escompter une baisse de 25 0/0, et ils l'ont escomptée.

N'est-ce pas l'évidence même ?

Ainsi, Messieurs, la cause de la hausse de l'or par rapport à l'argent, la cause de la dépréciation extérieure de la monnaie du camp blanc, la cause de la ruine du camp jaune par le camp blanc, c'est uniquement la modification des antiques lois tutélaires sous lesquelles nous avons toujours vécu ; c'est l'abandon successif de l'argent comme métal monétaire par les nations les plus puissantes au point de vue métallique.

Le remède, c'est la réouverture des hôtels des monnaies à la libre frappe de l'argent.

C'est le rétablissement des anciennes lois monétaires.

Il paraît dé irable qu'une entente intervienne entre les principales nations : l'Angleterre, l'Allemagne, les Etats-Unis, la France, afin de procéder de concert à cette réforme et d'assurer par une entente la fixité du pair bimétallique.

Mais si cette entente était reconnue impossible il faudrait aviser.

Est-ce une utopie de croire qu'une entente pareille est réalisable ?

Le génie d'un Newton, d'un Galilée, l'éloquence d'un Berryer, d'un Gambetta, échoueraient dans cette tâche s'ils avaient contre eux dans cette entreprise, ce qui est plus puissant encore que le génie et l'éloquence, *c'est-à-dire l'intérêt des nations.*

Ce serait donc folie de vouloir le tenter. Mais l'intérêt de toutes les nations du camp jaune, n'est-il pas évident? Croyez-vous qu'elles se décideront à attendre la ruine définitive, irrémédiable pour agir?

Ne les voyez-vous pas s'agiter, se débattre sous le mal qui les étreint ?

Les Etats-Unis marchent à grands pas vers la libre frappe de l'argent, montrant ainsi la route à ceux qui voudront échapper au désastre définitif.

Hier encore, au Parlement allemand, la question a eu les honneurs de la séance. L'intérêt de l'Allemagne est le même que celui de la France au point de vue agricole, industriel et commercial; de plus, elle a dû conserver une grande quantité de thalers d'argent qui n'ont conservé leur valeur que pour sa circulation intérieure, mais qui sont dépréciés comme nos pièces de cinq francs par l'immense réduction de leur champ de circulation. La résistance ne viendra donc pas plus d'elle que des Etats-Unis.

Reste l'Angleterre! Son gouvernement a, jusqu'ici, fait la sourde oreille. On raconte que Michel Chevalier, écoutant Cernuschi lui développer la théorie du pair bimétallique, lui répondait toujours : « Vous n'aurez jamais l'Angleterre avec vous. »

Mais enfin, disait Cernuschi, supposez que l'Angleterre se décide à venir avec nous. Montrez-moi comment le pair pourra être rompu. « Vous n'aurez jamais l'Angleterre avec vous », se contentait de répondre Michel Chevalier.

Répondrait-il encore ainsi aujourd'hui en voyant ce qui se passe en Angleterre? Il est permis d'en douter.

L'Angleterre a, comme nous, de grands intérêts agricoles, industriels et commerciaux. Ils sont, comme les nôtres, sérieusement compromis par la dépréciation extérieure de la monnaie asiatique. Elle a aussi de grands intérêts coloniaux et ses relations avec l'Inde sont de plus en plus tendues et difficiles.

L'Inde a emprunté à l'Angleterre près de 14 milliards. Elle doit en payer le revenu en or. Quand l'emprunt a été fait, le change de la roupie était maintenu fixe par le bimétallisme français. La roupie valait près de 2 fr. 50.

L'Inde devait donner à l'Angleterre un nombre de roupies déterminé. Elle pouvait se libérer avec une charge d'impôt déterminée.

A mesure que l'or a fait prime de 10, 20, 30 0/0, il a fallu que l'Inde donnât un nombre de roupies 10, 20, 30 0/0 plus fort pour se procurer la même somme d'or, pour payer la même dette. Ses charges, ses impôts, se sont donc accrus de 10, 20, 30 0/0.

Aussi, depuis douze ans, l'Inde, à qui sa souffrance a ouvert les yeux sur la cause du mal qui la ronge, réclame-t-elle à cor et à cris de l'Angleterre le retour au bimétallisme comme le seul remède à sa situation.

Non seulement le Gouvernement anglais a fait la sourde oreille, mais il a pris en 1893 cette mesure néfaste de la suspension de la libre frappe de la roupie dans les hôtels des monnaies des Indes. L'Angleterre a répondu aux réclamations de l'Inde : « Ce n'est pas mon monométallisme or qui cause la baisse de la roupie, c'est la trop grande abondance de la roupie. Cesse d'en fabriquer, elle se raréfiera. Nous en fixerons la valeur à 1/4 d. et nous la maintiendrons par décret à ce prix. »

Les hôtels des monnaies indous sont fermés le 26 juin 1893. Le lendemain l'argent baisse de 25 0/0 et quand le gouvernement indien veut essayer de vendre ses roupies sur le marché de Londres au taux fixé par le décret à 1/4 d., il ne trouve pas d'acheteurs. La roupie avait suivi l'argent dans sa baisse et l'Inde avait vu sa situation s'aggraver lourdement. L'Angleterre n'avait oublié qu'un point dans son calcul, c'est que l'Inde n'a ni les ressources monétaires-or ni le crédit de la France pour maintenir sa roupie comme la France ses écus de 5 francs et que, de plus, l'Inde est débitrice extérieurement tandis que la France est créancière.

A mesure que la situation de l'Inde débitrice s'aggrave, celle de l'Angleterre créancière ne s'améliore pas. Si l'Inde faisait faillite, ce serait non seulement le revenu, mais le capital anglais qui serait perdu.

Il faut donc à tout prix que l'Inde se procure les ressources nécessaires au payement de sa dette. C'est alors qu'elle se décide à frapper d'un droit d'entrée de 5 0/0 les marchandises de coton qui viennent d'Angleterre.

La combinaison est lumineuse. « C'est vous, Messieurs les
» Anglais, qui, par votre politique monétaire, me mettez dans
» l'obligation de payer 10 0/0 d'intérêt quand je n'ai emprunté
» qu'à 5 0/0 ! C'est vous qui allez me procurer les ressources.
» Et comme des droits de 5 0/0 sont insuffisants, nous allons
» doubler la dose. C'est encore vous qui me fournirez le néces-
» saire pour vous payer vous-mêmes. »

Comment le gouvernement anglais a-t-il autorisé une pareille mesure ? Il a dû la subir, mais pour sauver les apparences, il a obligé le gouvernement indien à établir sur les produits similaires de l'industrie indoue un droit d'accise égal au droit d'entrée. Le gouvernement anglais peut ainsi répondre à ses nationaux : « Les charges sont égales pour tous. » Seulement le gouvernement indou a eu bien soin de ne mettre de droits d'entrée que sur les numéros de coton supérieurs à 20. Le droit d'accise n'existe donc que pour ceux-là, et comme l'industrie indigène ne fabrique que des numéros inférieurs à 20, c'est l'Anglais, qui exporte aux Indes tous les numéros plus fins, qui fournira seul au Trésor du gouvernement indien les ressources nécessaires au payement de la dette à l'Angleterre.

Ainsi se présente l'alternative fort piquante où se trouve placée l'Inde : ou de faire faillite et de ruiner son créancier anglais, ou de ruiner l'industrie de son créancier pour pouvoir lui payer ses dettes.

Aussi la Chambre de commerce de Manchester, berceau de l'écolé libre-échangiste, centre de l'activité industrielle anglaise, vient-elle récemment de protester par une délibération fortement motivée contre la politique protectionniste tolérée aux Indes par le gouvernement de la Reine. Elle la signale comme une honte pour l'empire britannique qui s'est, jusqu'ici, montré si fier d'être resté tout seul fidèle aux enseignements de l'école de Manchester, au milieu des défections de toutes les autres nations. Elle proteste contre le maintien de ces droits. Elle dit qu'elle reconnaît pour le gouvernement indien la nécessité de se procurer des ressources pour tenir ses engagements. Mais elle ne se borne pas à de vaines protestations, elle indique aussi le moyen. Elle dit qu'il n'y a qu'une seule politique à opposer à la politique protectionniste : c'est la politique bimétalliste.

Croyez-vous, Messieurs, que ce ne soit pas là la preuve qu'il y a déjà quelque chose de changé dans l'opinion de l'Angleterre ?

Jadis, on disait que l'opinion du Lancashire aujourd'hui, était l'opinion de l'Angleterre demain.

Jadis le libre-échange, parti de Manchester, a conquis l'Angleterre.

N'est-il pas permis d'espérer que Manchester réussira de même à conquérir demain l'Angleterre au bimétallisme ?

N'a-t-il pas déjà commencé ? Le bimétallisme n'est-il pas déjà une plate-forme électorale ?

Les cinq dernières élections à la Chambre des communes ont été favorables aux candidats bimétallistes, contre ceux qui se sont prononcés pour le maintien de l'étalon unique d'or.

Tout fait prévoir que l'Angleterre sera, comme l'Allemagne et les États-Unis, très prochainement mûre, si elle ne l'est déjà, pour l'entente qu'il s'agit d'établir.

Cette entente, sur quelles bases doit-elle se faire ?

Le rapport actuel de valeur est de 1 à 33.

L'ancien était de 1 à 15 1/2. Quel est celui qu'il faudra adopter ? L'ancien rapport ? Le rapport actuel ou un rapport intermédiaire ?

Pour moi, Messieurs, il n'y a pas de doute, c'est l'ancien rapport de 1 à 15 1/2 qu'il faut rétablir. Ce n'est que pour cela que l'entente est utile. Si c'est pour adopter le rapport de 1 à 33, nous n'avons besoin de personne, nous n'avons qu'à acheter des lingots et à les frapper dans le rapport de 1 à 33. Mais qu'y aurons-nous gagné ? Au point de vue de la lutte avec le camp blanc, rien ; au contraire ! Nous aurons consolidé la situation économique du camp blanc contre nous et nous serons dans l'obligation de refondre tous nos écus de 5 francs. Deux écus n'en feront plus qu'un et, par suite, nous subirons sur notre stock d'argent une perte sèche de plus de 1 milliard 200 millions.

Adopter un rapport intermédiaire ne serait appliquer au mal qu'un demi-remède et nous imposer une perte inutile sur notre stock monétaire argent.

Le seul rapport possible est l'ancien rapport, celui de 1 à 15 1/2. Avec ce rapport, la masse énorme de monnaie d'argent frappée autrefois par les nations, dans ce rapport, reprend pour valeur vraie celle qu'elle a conservée comme circulation fiduciaire. Sans que nous ayons besoin, ni les uns ni les autres, de la re-frapper, sa circulation redevient internationale et universelle, au grand avantage de la valeur de toutes nos marchandises, de la rémunération du travail qui les produit et qui est la source de toute richesse et de toute prospérité.

Mais, disent nos adversaires, vous allez ainsi déprécier l'or de moitié ! De quel droit allez-vous ainsi l'avilir entre les mains de ceux qui le détiennent, qui ont été assez clairvoyants pour comprendre que sa valeur allait hausser et qui ont su l'accu-muler ? Vous voulez donc ruiner les *goldmen* au profit des *silvermen*.

Messieurs, nous ne voulons ruiner personne. Nous voulons rendre la prospérité à notre pays. C'est une question d'intérêt national qui nous guide. Nous ne nous préoccupons ni de l'in-térêt des *goldmen* ni de l'intérêt des *silvermen* qui sont des intérêts infimes auprès de ceux que nous avons en vue.

Mais, d'ailleurs, quand la loi, par son action toute-puis-sante, a, ainsi que je l'ai démontré, déterminé la hausse de l'or, qui donc s'est préoccupé du changement de situation qu'elle créait entre les *goldmen* et les *silvermen* ? Les nations avaient-elles, oui ou non, le droit de faire ce qu'elles ont fait alors, guidées seulement par ce qu'elles ont cru à tort d'être leur intérêt ?

Aujourd'hui qu'elles ont reconnu leur erreur, n'ont-elles pas le même droit de revenir à l'ancien état de choses ? Si les *goldmen* avaient le droit de se plaindre aujourd'hui, les *silvermen* n'auraient-ils pas pu faire les mêmes plaintes avec la même raison autrefois?

Non, il n'y a pas là de question de justice.

Mais les mêmes adversaires nous disent :

— Eh ! quoi, vous avez la prétention, par un simple décret, de doubler la valeur d'une marchandise? Vous prétendez, par une loi, en maintenir la valeur à un niveau fixe? Mais c'est de la folie ! Il faut avoir perdu l'esprit pour rêver une chose aussi contraire à toutes les lois de la science économique !

La science économique !

Laquelle? Celle de l'unanimité des professeurs anglais d'économie politique, qui sont de cet avis aujourd'hui, ou celle de M. Leroy-Beaulieu, libre-échangiste dans son journal, protectionniste au Conseil général de l'Hérault.

Je dis qu'il faut rétablir l'ancien 15 1/2.

Qu'y a-t-il donc de si contraire au bon sens, à la logique? Si, par une entente, nous rouvrons, à la libre frappe de l'argent, les hôtels des monnaies des nations qui l'ont proscrit, n'est-il pas naturel de rétablir le rapport de valeur qui existait avant la mise à exécution des mesures qui ont seules amené sa dépréciation relative à l'or, qui sont seules responsables de cette dépréciation?

Je vous ai déjà démontré tout à l'heure qu'il a suffi à la Reine d'Angleterre d'écrire sur un décret : « Les hôtels des monnaies des Indes sont fermés à la libre frappe de l'argent », pour que, *du jour au lendemain, sans qu'aucune autre cause intervienne,* l'argent baisse de 25 0/0, par rapport à l'or ; pour que, du jour au lendemain, non seulement l'argent que les mines produiront à l'avenir soit ainsi déprécié, mais que le rapport de valeur qui était, le 26 juin 1893, de 1 à 26 environ, tombe le lendemain de 1 à 31 *pour la masse totale d'or et d'argent accumulée* entre les mains des hommes et extraite de terre depuis le commencement du monde.

Rien n'empêche demain le gouvernement de la Reine de prendre un décret inverse. Il n'est pas douteux que si son gouvernement décide demain la réouverture des hôtels des monnaies indous, le mouvement inverse se produira, le rapport de valeur remontera à son ancien niveau.

Est-il douteux qu'à mesure que les hôtels des monnaies des diverses nations se rouvriront à la libre frappe, il se produira dans le relèvement du rapport de valeur un mouvement inverse à celui qu'a produit leur fermeture?

N'est-il donc pas tout naturel si, à la suite d'une entente, les hôtels des monnaies se rouvrent simultanément à la libre frappe, qu'on décide que le rapport de valeur sera celui qui existait avant leur fermeture, unique cause de son abaissement?

J'ai fini, Messieurs. Cette division du monde en deux camps à étalon différent a pour conséquence inévitable la ruine certaine et à brève échéance de l'agriculture, de l'industrie du camp jaune au profit du camp blanc. Le seul remède à ce danger redoutable pour nous est dans le rétablissement, après entente, de l'ancien pair bimétallique.

Hâtons-nous donc d'y travailler de toutes nos forces. Mais s'il nous était démontré qu'une entente à brève échéance est impossible; si le refus obstiné et aveugle de certains gouvernements prisonniers des spéculateurs cambistes devait la faire échouer encore, il faut qu'ils sachent bien qu'il y a pour ceux qui ne veulent pas mourir, pour ceux qui veulent voir renaître leur agriculture, revivre leur industrie, s'agrandir leurs exportations, en un mot, changer les ruines actuelles en une prospérité certaine, un autre moyen de salut: c'est de faire partie du camp blanc, comme s'y prépare l'Amérique.

Malheur alors à ceux qui auront préféré à la sécurité dans les transactions, à la justice dans les contrats, la continuation de la crise qui enrichit les cambistes.

Malheur à ceux qui seront restés obstinément dans le camp jaune! Leur ruine sera d'autant plus rapide que la puissance du camp blanc se sera accrue de toutes les adhésions nouvelles. Ce jour-là notre choix n'est pas douteux, il ne s'inspirera que des nécessités du salut de la patrie.

Paris. — Imprimerie Schiller, 19, faubourg Montmartre.

Documents manquants (pages, cahiers...)
NF Z 43-120-13

www.ingramcontent.com/pod-product-compliance
Lightning Source LLC
LaVergne TN
LVHW010334030726
842520LV00004B/1446